• DIE SPRACHZEITUNG •

TRAININGSHEFT

DaF

Grammatik

Nomen und Artikelwörter

Prüfungsrelevante Grammatik

Niveau A1 – B1

von Anne-Kathrein Schiffer

CARL ED. SCHÜNEMANN KG

Liebe Lernende,

mit unserer kleinen DaF-Reihe bieten wir Selbstlernerinnen und -lernern kleine Grammatikeinheiten zum Üben, Wiederholen und Vertiefen an. Die Hefte können parallel zum kurstragenden Lehrwerk eingesetzt werden und wenden sich an alle, die sich gezielt auf DaF-Prüfungen vorbereiten wollen oder sich übungsintensiven Lerninhalten noch einmal widmen möchten.

Die Grammatikinhalte orientieren sich an **Prüfungsformaten der gängigen DaF-Sprachprüfungen** (z. B. Zertifikat Deutsch (telc Deutsch B1), Goethe-/ÖSD-Zertifikat B1 etc.) auf den Niveaus A2 und B1.

Das Bett – die Betten, aber *das Brett – die Bretter*, *das Mädchen – die Mädchen*, aber *die Tochter – die Töchter* ... An diesen wenigen Beispielen sieht man bereits, dass die deutsche Sprache es in sich hat und Sie gut daran tun, von Anfang an Nomen mit Artikelwort und Pluralform zu lernen. Denn oft gibt es leider keine Regel, man muss es einfach lernen. Dieses kleine Trainingsheft übt abwechslungsreich, anschaulich und kontextualisiert das Grammatikthema **Nomen und Artikelwörter** und setzt dabei folgende Schwerpunkte:

- Genus, Numerus und Kasus
- Artikelwörter
- Wortbildung

Am **Anfang eines jeden Kapitels** werden die jeweils behandelten Grammatikinhalte kurz und klar eingeführt. Zahlreiche Beispiele tragen zur Veranschaulichung des Stoffes bei. Abwechslungsreiche Übungen festigen anschließend das Gelernte und wenden es in unterschiedlichen Kontexten an. Vor jeder Übung ist das **Sprachniveau** angegeben. Abgerundet wird das Angebot von einem ausführlichen **Lösungsteil.** Auf diese Weise können Sie sich optimal auf anstehende Prüfungen vorbereiten.

Die Reihe wird fortgesetzt.

Viel Spaß und Erfolg wünscht
Ihre DaF-Redaktion

Das Nomen

- Das Nomen ist eine Wortart. „Nomen" ist das lateinische Wort für Name. Ein Nomen gibt Dingen und Personen also einen Namen. Ein anderes Wort für Nomen ist „Substantiv".

  Hinweis: Die Nomen in diesem Heft stammen aus den Wortlisten A2 und B1 des Goethe-Instituts.

- Nomen haben im Deutschen **vier Merkmale:**

Merkmal 1: Genus und Artikelwörter

Nomen haben ein **Genus** (= Geschlecht). Es kann **maskulin** (= männlich), **feminin** (= weiblich) oder **neutrum** (= sächlich) sein. Vor einem Nomen steht meistens ein **Artikelwort,** z. B. der bestimmte Artikel ***der*** (maskulin), ***das*** (neutrum) oder ***die*** (feminin) oder der unbestimmte Artikel ***ein*** (maskulin, neutrum) oder ***eine*** (feminin).

Merkmal 2: Numerus

Nomen haben einen **Numerus** (= Zahl, Anzahl), das heißt, sie können im **Singular** (= Einzahl) und im **Plural** (= Mehrzahl) stehen. Es gibt aber auch Nomen, die es nur im Singular (Singularwörter) oder nur im Plural (Pluralwörter) gibt.

Merkmal 3: Kasus

Nomen stehen in einem **Kasus** (= Fall). Es gibt vier Fälle:

- **Nominativ** (Wer?)
- **Akkusativ** (Wen oder was?)
- **Dativ** (Wem?)
- **Genitiv** (Wessen?)

Das bedeutet, dass man Nomen **deklinieren** kann.

Merkmal 4: Großschreibung

Nomen werden **immer** großgeschrieben.

1 | Genus und Artikelwörter

- Nomen haben ein **Genus** (= Geschlecht). Es kann **maskulin** (= männlich), **feminin** (= weiblich) oder **neutrum** (= sächlich) sein.

- Man kann Nomen in die folgenden Kategorien einteilen:

a) Nomen für Personen

Die Artikelwörter von Nomen für Personen orientieren sich oft am biologischen bzw. natürlichen Geschlecht (maskulin – feminin):

der Mann – die Frau • *der Vater – die Mutter* • *der Sohn – die Tochter*
der Bruder – die Schwester

Folgende Personen haben ein sächliches Artikelwort:

das Mädchen, das Kind, das Baby

b) Eigennamen von Personen, Ländern und Kontinenten

Nomen, die Eigennamen sind, haben meistens kein Artikelwort.
Man sagt dazu **Nullartikel.**

Personen: *Julia, Binam, Senay, David* usw.

Hinweis regional: In manchen Gegenden des DACH-Raums verwendet man Namen auch mit dem Artikelwort, z. B.:

Hallo, ich bin die Anne.

Der Max hat gesagt, dass die Leni kommt.

Länder und Kontinente:
Afghanistan, Afrika, Amerika, Australien, Brasilien, Deutschland, Eritrea, Frankreich, Griechenland, Großbritannien, Indien, Italien, Österreich, Portugal, Schweden, Spanien, Syrien ...

Länder mit Artikelwort:
der Irak, der Iran, der Libanon, die Niederlande, die Schweiz, die Türkei, die Ukraine, die USA, die Vereinigten Arabischen Emirate ...

Nationalitäten:
Die maskuline Form endet entweder auf **-e** oder auf **-er.**
Die feminine Form endet auf **-in.** Ausnahme: *der/die Deutsche*

-e/-in	**-er/-in**
der Afghane – die Afghanin *der Franzose – die Französin* *usw.*	*der Spanier – die Spanierin* *der Syrer – die Syrerin* *usw.*

c) Berufe

Auch Nomen für Berufe orientieren sich am biologischen bzw. natürlichen Geschlecht. Bei manchen Nomen hat die feminine Form einen Umlaut auf dem Stammvokal:

der Arzt – die Ärztin • der Bäcker – die Bäckerin • der Koch – die Köchin
der Lehrer – die Lehrerin • der Musiker – die Musikerin
der Verkäufer – die Verkäuferin usw.

d) Das grammatische Geschlecht

Bei vielen Nomen sieht man durch das Artikelwort und die Endung, wie das Genus ist. Es gibt aber auch viele Nomen, die keine Endung haben. Deswegen sollte man immer das Artikelwort mitlernen!

maskulin: der	
ohne Endung	*der Hund, der Tisch, der Bahnhof …*
-ant	*der Praktikant, der Lieferant …*
-at	*der Automat, der Diplomat …*
-e	*der Junge, der Name, der Buchstabe …*
-ent	*der Präsident, der Absolvent …*
-er	*der Lehrer, der Verkäufer …*
-ling	*der Liebling, der Zwilling …*
-ismus	*der Optimismus, der Journalismus …*
-ist	*der Optimist, der Journalist …*
-oge	*der Pädagoge, der Philologe …*
-us	*der Bus, der Zirkus …*

maskulin: der		
Tageszeiten	*der Tag, der Morgen, der Mittag, der Abend*	*ABER: die Nacht Nullartikel: Mitternacht*
Monate	*der Januar, der Februar, der März ...*	*ABER: das Jahr*
Wochentage	*der Montag, der Dienstag, der Mittwoch ...*	*ABER: die Woche das Wochenende*
Jahreszeiten	*der Frühling, der Sommer, der Herbst, der Winter*	
Himmelsrichtungen	*der Norden, der Süden, der Osten, der Westen*	

neutrum: das	
ohne Endung	*das Telefon, das Wort, das Haus ...*
-chen	*das Mädchen, das Schätzchen ...*
-lein	*das Kindlein ...*
-er	*das Fieber, das Feuer ...*
-nis	*das Ereignis, das Geheimnis ...*
-o	*das Kino, das Büro, das Auto, das Konto ...*
-um	*das Datum, das Studium, das Zentrum ...*
-y	*das Baby, das Handy, das Hobby ...*

feminin: die	
ohne Endung	*die Antwort, die Stadt, die Uhr ...*
-a	*die Firma, die Primadonna ...*
-e	*die Liebe, die Sonne, die Fahrkarte ...*
-ei	*die Metzgerei, die Bäckerei, die Bücherei ...*
-er	*die Feier, die Leiter ...*
-in (Personen)	*die Chefin, die Ärztin, die Freundin ...*
-ion	*die Information, die Organisation ....*
-heit	*die Gesundheit, die Krankheit ...*
-keit	*die Traurigkeit, die Helligkeit ...*
-schaft	*die Freundschaft, die Verwandtschaft ...*
-ung	*die Lösung, die Wohnung, die Zeitung ...*
-ur	*die Reparatur, die Figur ...*

Personen

A1 **1 Markieren Sie zehn Familienmitglieder. Schreiben Sie dann alle Wörter zum richtigen Artikelwort in die Tabelle (ä = ae, ß = ss usw.).**

V	Y	Q	J	U	F	S	P	O	O	X	C	C	C	S	E	K	G	H	C
G	E	S	C	H	W	I	S	T	E	R	N	Q	W	C	R	I	E	Q	O
U	Y	D	U	D	L	V	V	N	P	B	F	E	D	H	G	N	Z	W	Y
O	G	R	O	S	S	E	L	T	E	R	N	A	Y	W	L	D	S	B	S
D	Q	C	N	T	C	P	R	K	O	U	R	I	U	E	L	R	R	W	B
E	S	O	K	E	R	W	W	E	J	O	R	M	F	S	Y	E	Q	Z	Q
W	G	U	E	F	H	F	F	D	O	O	I	V	A	T	E	R	P	B	S
K	U	S	L	J	N	W	G	J	M	Z	V	F	K	E	O	G	Y	A	T
K	N	I	E	J	S	Y	S	B	A	I	Q	J	Z	R	S	T	A	B	D
P	S	N	O	Q	M	V	X	C	K	E	N	K	E	L	I	N	N	Y	D

der	die	das	die (Pl.)

Nationalitäten und Länder

A1 **2a) Ergänzen Sie die Nationalitäten.**

a) Frankreich der Franzose .... die Französin ....

b) Italien ....

c) Schweden ....

d) Spanien ....

e) Polen ....

2b) Markieren Sie alle Länder mit dem Artikel *der* blau, alle Länder mit dem Artikel *die* rot.

Türkei Norwegen

Niederlande Ungarn Ukraine

Australien Kanada USA Schweiz Indien

Neuseeland Libanon Brasilien

Iran Irak

3 Wie heißt du? Woher kommst du?
Lesen Sie und ergänzen Sie die Länder und Nationalitäten.

Dialog A (Afghanistan, Afghane, Deutschland, Deutsche)

Lena: Hallo! Wie heißt du?

Ahmad: Ich heiße Ahmad. Und wie heißt du?

Lena: Ich heiße Lena. Woher kommst du?

Ahmad: Ich komme aus (1) .... Ich bin (2) ....
Und woher kommst du?

Lena: Ich komme aus (3) ....

Ich bin (4) ....

Dialog B (Syrien, Syrerin, Portugal, Portugiese)

Katrin: Wer ist das?

Anne: Das ist Carlo. Er ist (1) ....

Katrin: Ah, er kommt aus (2) .... Wie sympathisch!

Anne: Ja, aber er hat eine Freundin.

Katrin: Ach, echt? Schade!

Anne: Sie ist sehr nett. Sie heißt Samira und ist (3) .... Sie ist in

(4) .... geboren. Aber sie lebt schon lange in Österreich.

Berufe

A1

4 Ergänzen Sie die Berufe in der maskulinen oder femininen Form.

a) der Lehrer — die ....

b) der .... — die Friseurin

c) der .... — die Sängerin

d) der Koch — die ....

e) der Arzt — die ....

f) der Polizist — die ....

Nomen mit und ohne Endung

A1/A2

5a) Immer maskulin! Ordnen Sie zu und notieren Sie.

Autom- • Pädag- • Praktik- • Optim- (2x) • Lieb-

a) -ant: ....

b) -at: ....

c) -ling: ....

d) -ismus: ....

e) -ist: ....

f) -oge: ....

5b) Immer neutrum! Ergänzen Sie die Endungen *-chen* und *-um*.

a) Mäd-............... b) Praktik-............... c) Bröt-............... d) Dat-...............

5c) Immer feminin! Ergänzen Sie die Endungen.

-ion • -heit • -keit • -schaft • -ung • -ur

a) Informat-...............

b) Temperat-...............

c) Gesund-...............

d) Kleid-...............

e) Verwandt-...............

f) Fröhlich-...............

A2 **6 Nomen mit Endung. Trennen Sie die Wörter und notieren Sie die Nomen mit dem bestimmten Artikelwort.**

Erinnerung: Nomen schreibt man immer groß!

automat/fotobäckereizeitungcomputerpartylieblinginformationpraktikumergebnisfirma

der Automat ....

....

....

....

1 **7 Nomen ohne Endung. Markieren Sie: Welches Nomen passt nicht in die Reihe?**

a) **der:** Tisch – Stuhl – Schrank – Treppe

b) **das:** Sofa – Bett – Tür – Haus

c) **die:** Frau – Blume – Tier – Hand

1 **8a) Der, das oder die? Ergänzen Sie den bestimmten Artikel.**

a) .... Ankunft	b) .... Bahnhof	c) .... Geld
d) .... Hotel	e) .... Karte	f) .... Plan

8b) Körperteile. Welches Genus haben diese Körperteile? Ordnen Sie zu.

Auge • Bein • Fuß • Nase • Kopf • Hand

der	das	die
....	....	....
....	....	....

2 | Numerus

- Nomen haben einen **Numerus** (= Zahl, Anzahl), sie können also eine **Singularform** (= Einzahl) und eine **Pluralform** (= Mehrzahl) haben. Die Pluralform kann man an der Nomenendung und an der Pluralform des Artikelwortes erkennen. Viele Nomen ändern im Plural außerdem ihren Stammvokal in einen Umlaut: ***a* ➤ *ä*, *o* ➤ *ö*, *u* ➤ *ü*.**

  Der Plural vom bestimmten Artikel ist **immer** ***die*** (weitere Artikelwörter siehe Kapitel 4).

- Schwierig sind die Nomen **ohne** Endung. Diese müssen Sie besonders gut lernen. Am besten lernen Sie nicht nur das Artikelwort, sondern auch die Pluralform der Nomen immer mit! Bei den Nomen **mit** Endung gibt es Regeln für die Pluralbildung, die das Lernen leichter machen.

Plural-endung	**Endung des Nomens**	**Beispiele**
-e	ohne Endung	*der Hund – die Hunde* *das Fest – die Feste*
	alle Nomen auf -ling	*der Zwilling – die Zwillinge* *der Liebling – die Lieblinge*
-(e)n	ohne Endung	*das Ohr – die Ohren* *die Zahl – die Zahlen*
	alle Nomen auf -a	*die Firma – die Firmen* *die Pizza – die Pizzen* *auch:* *die Pizzas*
	-ant	*der Praktikant – die Praktikanten*
	-at	*der Diplomat – die Diplomaten*
	-e	*die Katze – die Katzen*
	-ei	*die Bäckerei – die Bäckereien*
	-ent	*der Präsident – die Präsidenten*
	-ist	*der Optimist – die Optimisten*
	-oge	*der Pädagoge – die Pädagogen*
	-heit	*die Schönheit – die Schönheiten*
	-keit	*die Freundlichkeit – die Freundlichkeiten*
	-ion	*die Situation – die Situationen*

Plural-endung	Endung des Nomens	Beispiele
-(e)n	-schaft -ung -ur	*die Freundschaft – die Freundschaften* *die Prüfung – die Prüfungen* *die Reparatur – die Reparaturen*
-er	ohne Endung	*das Kind – die Kinder* *das Licht – die Lichter*
–	alle Nomen auf -chen -lein Nomen auf -el (maskulin, neutrum) -er (maskulin)	 *das Brötchen – die Brötchen* *das Kindlein – die Kindlein* *der Zettel – die Zettel* *das Rätsel – die Rätsel* *der Lehrer – die Lehrer* *der Computer – die Computer*
-s	ohne Endung alle Nomen auf -y die meisten Nomen auf -o	*der Chef – die Chefs* *der Laptop – die Laptops* *das Baby – die Babys* *das Handy – die Handys* *das Hobby – die Hobbys* *die Party – die Partys* *das Kino – die Kinos* *das Auto – die Autos* *das Büro – die Büros* *ABER: das Konto – die Konten*
-se	alle Nomen auf -nis -us	 *das Geheimnis – die Geheimnisse* *das Zeugnis – die Zeugnisse* *der Bus – die Busse* *der Zirkus – die Zirkusse* *ABER: der Kasus – die Kasus*

Plural-endung	Endung des Nomens	Beispiele
-n	alle femininen Nomen auf -el -er	 *die Ampel – die Ampeln* *die Gabel – die Gabeln* *ABER:* **der** *Muskel – die Muskeln* *die Feier – die Feiern* *die Leiter – die Leitern*
-nen	alle femininen Nomen auf -in	 *die Freundin – die Freundinnen* *die Ärztin – die Ärztinnen* *die Chefin – die Chefinnen*
¨–	ohne Endung	*die Mutter – die Mütter* *die Tochter – die Töchter* *der Apfel – die Äpfel* *der Mantel – die Mäntel*
¨-e	ohne Endung	*der Wunsch – die Wünsche* *der Zahn – die Zähne*
¨-er	ohne Endung	*das Wort – die Wörter* *das Land – die Länder*

Wörterbuch

In einem Wörterbuch finden Sie hinter jedem Nomen die Angaben zum Artikelwort, zur Genitivendung und zur Pluralendung:

Nomen	Artikelwort	Genitivendung	Pluralendung
Name	*der;*	*-ns;*	*-n*
Haus	*das;*	*-es;*	*-¨er*
Zahl	*die;*	*–;*	*-en*

Singularwörter und Pluralwörter

Es gibt Nomen, die nur eine Singularform oder nur eine Pluralform haben:

Singularwörter

Monate: *der April, der Mai, der Juni …*

maskulin: *der Alltag, der Himmel, der Regen, der Schnee, der Sport, der Unterricht, der Verkehr …*

neutrum: *das Alter, das Eis, das Fleisch, das Gemüse, das Glück, das Internet, das Klima, das Obst, das Studium, das Wasser, das Wetter …*

feminin: *die Gesundheit, die Heimat, die Kälte, die Kleidung, die Musik, die Natur, die Polizei …*

Pluralwörter

die Eltern, die Großeltern, die Geschwister, die Leute, die Ferien, die Kosten, die Jeans, die Pommes frites …

Fremdwörter

Einige Fremdwörter bilden besondere Pluralformen:

Pluralendung **-en:** *das Datum – die Daten • das Museum – die Museen, die Praxis – die Praxen • das Thema – die Themen*

Pluralendung **-a:** *das Praktikum – die Praktika • das Visum – die Visa*

1 Wie lauten die Regeln? Ergänzen Sie.

Nomen haben einen (1) .... (= Zahl, Anzahl). Sie können eine (2) .... (= Einzahl) und eine (3) .... (= Mehrzahl) haben. Die Pluralform kann man an der (4) .... und an der Pluralform des (5) .... erkennen. Viele Nomen ändern im Plural ihren Stammvokal in einen (6) .... : ***a* ➤ *ä*, *o* ➤** (7) .... , ***u* ➤** (8) .... .

Der Plural vom bestimmten Artikel ist immer (9) ....

A1 **2 Nomen mit Endungen I. Lesen Sie die Nomen im Singular und markieren Sie die Endungen. Notieren Sie dann die Nomen im Plural.**

a) die Information: die Informationen

b) die Richtung: ....

c) der Automat: ....

d) die Bäckerei: ....

e) der Journalist: ....

f) die Firma: ....

g) das Brötchen: ....

h) die Freiheit: ....

i) der Pädagoge: ....

j) die Freundschaft: ....

k) das Auto: ....

l) das Hobby: ....

A1/A2 **3 So steht ein Nomen im Wörterbuch. Notieren Sie die Pluralform.**

a) das Angebot, -e die Angebote

b) der Babysitter, – ....

c) die E-Mail, -s ....

d) der Mann, ¨-er ....

e) der Eingang, ¨-e ....

f) die Feier, -n ....

g) die Mutter, ¨ ....

h) das Kind, -er ....

i) die Nachbarin, -nen ....

2 **4 Nomen mit Endungen II. Ordnen Sie die Nomen der richtigen Pluralendung zu.**

Zeugnis • Party • Zwilling • Foto • Kellnerin • Zirkus
Messer • Baby • Teller • Schlüssel • Gärtnerin • Liebling
Ereignis • Gabel • Bus • Kätzlein • Zoo • Ampel

-e	-n	-nen
....	....	....
....	....	....

–	-s	-se
....	....	....
....	....	....
....	....	....
....	....	....

A2 **5 Lesen Sie die Dialoge. Ergänzen Sie die richtigen Pluralformen.**

a) Hast du eine Schwester? – Ja, ich habe sogar zwei ....

b) Hat dein Nachbar ein Fahrrad? – Ja, er hat sogar drei ....

c) Hast du einen Apfel gekauft? – Ich habe sogar fünf .... gekauft.

d) Kennst du eine gute Ärztin? – Ich kenne sogar drei gute ....

e) Könntest du für Saras Geburtstag einen Kuchen backen? – Klar, ich könnte sogar zwei .... backen.

f) Ach, süß! Max hat ja schon einen Zahn! – Er hat sogar schon drei ....

g) Könntest du mir ein Brötchen vom Bäcker mitbringen? – Gerne, ich könnte auch sechs .... mitbringen. Dann könnten wir alle zusammen frühstücken.

A1/A2 **6 Singular- oder Pluralwort? Kreuzen Sie an.**

	Sg.	Pl.		Sg.	Pl.
a) Ferien	◯	◯	e) Regen	◯	◯
b) Eltern	◯	◯	f) Geschwister	◯	◯
c) Leute	◯	◯	g) Internet	◯	◯
d) Gesundheit	◯	◯	h) Obst	◯	◯

A2 **7 Singularwörter. Welches Wort passt nicht in die Reihe? Markieren Sie es.**

a) der: Alltag – Alter – Verkehr – Sport

b) das: Wetter – Glück – Gesundheit – Studium

c) die: Kälte – Sonne – Natur – Schnee

d) der: Mai – Eis – Himmel – Spaß

e) das: Ausland – Fieber – Frühstück – Ruhe

f) die: Freizeit – Grippe – Studium – Milch

A2 **8 Fremdwörter. Ergänzen Sie die Artikelwörter und Endungen im Singular und Plural.**

a) *das* Dat *um* ➤ *die* Dat *en*

b) .... Muse .... ➤ .... Muse ....

c) .... Zentr .... ➤ .... Zentr ....

d) .... Prax .... ➤ .... Prax ....

e) .... Them .... ➤ .... Them ....

f) .... Praktik .... ➤ .... Praktik ....

g) .... Vis .... ➤ .... Vis ....

3 | Kasus

- Nomen und ihre Artikelwörter stehen in einem **Kasus**. Man kann sie also **deklinieren**. Der Kasus beschreibt, welche Funktion ein Nomen im Satz hat. Jedes Nomen kann in diesen vier Kasusformen stehen: **Nominativ, Akkusativ, Dativ und Genitiv.**

  Der Genitiv ist sehr formell. Umgangssprachlich verwendet man oft ***von* + Dativ.**

  Oft erkennt man den Kasus am Artikelwort. Nur in bestimmten Fällen haben Nomen eine **eigene Kasusendung:**

Die Deklination der Nomen

	Singular			**Plural**		
	maskulin	**neutrum**	**feminin**	**maskulin**	**neutrum**	**feminin**
Nominativ	*der Tisch*	*das Bett*	*die Lampe*	*die Tische*	*die Betten*	*die Lampen*
Akkusativ	*den Tisch*	*das Bett*	*die Lampe*	*die Tische*	*die Betten*	*die Lampen*
Dativ	*dem Tisch*	*dem Bett*	*der Lampe*	*den Tischen*	*den Betten*	*den Lampen*
Genitiv	*des Tisch(e)s*	*des Bett(e)s*	*der Lampe*	*der Tische*	*der Betten*	*der Lampen*

Außerdem kann man den Kasus mit diesen **Fragen** erkennen:

Wer (oder was)? ➤ **Nominativ**

Das Kind spielt im Garten. ➤ *Wer spielt im Garten?* ➤ *Das Kind. (= Nominativ)*

Das Haus ist alt. ➤ *Was ist alt?* ➤ *Das Haus. (= Nominativ)*

Wen (oder was)? ➤ **Akkusativ**

Heute sehe ich den Schüler. ➤ *Wen siehst du heute?* ➤ *Den Schüler. (= Akkusativ)*

Ich suche meinen Schlüssel. ➤ *Was suchst du?* ➤ *Meinen Schlüssel. (= Akkusativ)*

Wem?

Ich gebe der Lehrerin das Buch morgen. ➤ ***Wem*** *gibst du das Buch morgen?* ➤ *Der Lehrerin. (= Dativ)*

Wessen?

Das ist der Sohn des Künstlers. ➤ ***Wessen*** *Sohn ist das?* ➤ *Der* ***des Künstlers.*** *(= Genitiv)*

Die Deklination weiterer Artikelwörter

Auch die folgenden Artikelwörter kann man deklinieren:

- die unbestimmten Artikel ***ein*** und ***eine***
- die Negationsartikel ***kein*** und ***keine***
- die Possessivartikel ***mein, dein, sein*** etc.

Da die Deklinationen immer gleich sind, kann man sie leicht lernen:

Singular			
	maskulin	**neutrum**	**feminin**
Nominativ	*ein/kein/mein Tisch*	*ein/kein/mein Bett*	*eine/keine/meine Lampe*
Akkusativ	***einen/keinen/meinen*** *Tisch*	*ein/kein/mein Bett*	*eine/keine/meine Lampe*
Dativ	***einem/keinem/meinem*** *Tisch*	***einem/keinem/meinem*** *Bett*	***einer/keiner/meiner*** *Lampe*
Genitiv	***eines/keines/meines*** *Tisch**(e)s***	***eines/keines/meines*** *Bett**(e)s***	***einer/keiner/meiner*** *Lampe*

Plural			
	maskulin	**neutrum**	**feminin**
Nominativ	*–/keine/meine Tische*	*–/keine/meine Betten*	*–/keine/meine Lampen*
Akkusativ	*–/keine/meine Tische*	*–/keine/meine Betten*	*–/keine/meine Lampen*
Dativ	*–/**keinen/meinen** Tischen*	*–/**keinen/meinen** Betten*	*–/**keinen/meinen** Lampen*
Genitiv	*–/**keiner/meiner** Tische*	*–/**keiner/meiner** Betten*	*–/**keiner/meiner** Lampen*

Zu weiteren Artikelwörtern und ihrer Bedeutung siehe Kapitel 4.

Wortarten, die den Kasus bestimmen

Der Kasus von Nomen beschreibt, welche Funktion ein Nomen im Satz hat. Die drei folgenden Wortarten bestimmen den Kasus eines Nomens: Verben, Präpositionen und andere Nomen.

Verben

mit Akkusativ:	*finden, haben, kaufen, kennenlernen, sehen, suchen, tragen, vergessen …*
mit Dativ:	*antworten, danken, einfallen, gehören, gratulieren, helfen, zuhören …*
mit Akkusativ und Dativ:	*bringen, bestellen, erklären, erzählen, geben, holen, kaufen, schenken, schreiben, wünschen, zeigen …*

Präpositionen

mit Akkusativ:	*bis, durch, für, gegen, ohne, um*
mit Dativ:	*aus, bei, mit, nach, seit, von, zu*
Wechselpräpositionen:	*an, auf, hinter, in, neben, über, unter, vor, zwischen*
mit Genitiv:	*außerhalb, innerhalb, trotz, während, wegen*

Nomen

Der Genitiv eines Nomens macht deutlich, wer/was zu wem/was gehört:

- *Das ist **das Auto des Gärtners.** / Das ist **Susannes Jacke.***

Umgangssprachlich wird häufig die Präposition **von + Dativ** verwendet:

- *Das ist **das Auto vom Gärtner.** / Das ist **die Jacke von Susanne.***

Die N-Deklination

Eine besondere Deklination ist die **N-Deklination.** Zu ihr gehören **maskuline Nomen:**

- mit der Endung **-e:**
  der Junge, der Löwe, der Affe, der Kollege, der Name, der Buchstabe, der Erwachsene …

- einige Personen und Tiere:
  der Mensch, der Nachbar, der Bär, der Elefant …

- mit den Endungen **-and, -ant, -ent, -ist, -at, -oge:**
  der Doktorand, der Praktikant, der Präsident, der Optimist, der Automat, der Pädagoge ...

Wie der Name schon sagt, spielt der Buchstabe **N** eine wichtige Rolle bei der Deklination: Alle Kasus – außer Nominativ Singular – enden im Singular und Plural auf **-(e)n.**

	Singular		Plural	
Nominativ	der Junge, Präsident		*die*	
Akkusativ	*den*		*die*	*Jungen, Präsidenten*
Dativ	*dem*	*Jungen, Präsidenten*	*den*	
Genitiv	*des*		*der*	

Ausnahmen:

der Name ➤ **Genitiv Sg.:** *des Namens* • *der Buchstabe* ➤ **Genitiv Sg.:** *des Buchstabens*

Formenbildung

A2 **1 Erinnern Sie sich an die Regeln? Ergänzen Sie die fehlenden Wörter.**

Die Kasus der Nomen heißen: (1) N .... , (2) A .... , (3) D .... und (4) G .... Nicht nur die Nomen stehen in einem Kasus, sondern auch die (5) ....

A2 **2a) Wie heißt die Form? Notieren Sie die Nomen wie im Beispiel.**

a) die Aufgabe: Dativ Plural ➤ den Aufgaben

b) der Stuhl: Dativ Singular ➤ ....

c) der Termin: Akkusativ Singular ➤ ....

d) das Kind: Nominativ Plural ➤ ....

e) der Gast: Akkusativ Plural ➤ ....

f) die Frau: Dativ Singular ➤ ....

2b) Welcher Kasus ist das? Kreuzen Sie an. Manchmal sind mehrere Antworten richtig.

a) das Beispiel ◌ Akkusativ Pl. ◌ Nominativ Sg. ◌ Akkusativ Sg.

b) den Wörtern ◌ Dativ Pl. ◌ Nominativ Pl. ◌ Akkusativ Pl.

c) den Unterricht ◌ Akkusativ Sg. ◌ Dativ Sg. ◌ Dativ Pl.

d) die Eltern ◌ Nominativ Sg. ◌ Akkusativ Pl. ◌ Nominativ Pl.

e) der Größe ◌ Akkusativ Sg. ◌ Nominativ Sg. ◌ Dativ Sg.

Verben mit Kasus

Verben mit Akkusativ

1 Ergänzen Sie die Artikelwörter und Nomen im Akkusativ.

a) Katrin mag Tier.... . Sie hat e........... Hund, e....... Katze, e...... Pferd, zwei V.... gel und drei Fisch.... . Sie liebt Haustier.... und kümmert sich gut um sie.

b) Faiz kocht gerne. Er wäscht d...... Reis und putzt d.... Gemüse. Dann schneidet er d...... Fleisch. Er kocht d...... Reis und brät d...... Fleisch. Dann gibt er d...... Gemüse in d...... Ofen. Zum Schluss probiert er d...... Wein und d...... Süßigkeiten.

A2 **2a) Welches Nomen passt? Ergänzen Sie die Nomen aus dem Wortspeicher. Notieren Sie auch die Endungen der Artikelwörter im Akkusativ.**

Hose • Geschenke (Pl.) • Weg • Schlüssel
Erkältung • Fenster • Nachbarin

a) Hast du mein...... .... gesehen? Ich finde ihn einfach nicht.

b) Ich bin zu spät. Ich habe .... nicht gefunden.

c) Rahim hat ein.... .... Er hustet stark.

d) Gestern habe ich .... kennengelernt. Sie ist sehr nett.

e) Oh nein! Ich habe .... vergessen!

f) Könntest du bitte .... schließen? Es ist kalt.

g) Er sucht seit drei Tagen sein...... ....

2b) Schreiben Sie vollständige Sätze und bilden Sie das Nomen und das Artikelwort im Akkusativ.

a) Die / Kollegen / vereinbaren / ein / Termin.

....

b) Können / du / bitte / mein / Koffer / tragen?

....

c) Das / Magazin / können / du / zurückgeben.

....

d) Der / Brief / schicken / ich / morgen.

....

e) Hoffentlich / bestehen / ich / die / Prüfung.

....

f) Morgens / trinken / er / gern / ein / Kaffee.

....

2 **3 Wer?, Wen? oder Was? Fragen Sie nach dem unterstrichenen Nomen und entscheiden Sie: Nominativ oder Akkusativ?**

Tipp: Mit ***Was?*** kann man den Nominativ und den Akkusativ erfragen. Wenn Sie unsicher sind, machen Sie die **Ersatzprobe:**

Können Sie ***Was?*** durch ***Wer?*** ersetzen? ➤ Nominativ
Können Sie ***Was?*** durch ***Wen?*** ersetzen? ➤ Akkusativ

a) Julia liest ein Buch.

➤ Wer? Julia (= Nominativ) / Was? Ein Buch. (= Akkusativ)

b) Die Waschmaschine wäscht die Wäsche.

➤ ....

c) Der Chef hat das Kind vorhin gesehen.

➤ ....

d) Die Tische stellen die Schüler an die Wand.

➤ ....

e) Der Koch serviert das Essen.

➤ ....

f) Die Kollegen informiert der Chef.

➤ ....

Verben mit Dativ

2 **4 Wem antworte ich? Ergänzen Sie die Nomen und Artikelwörter im Dativ Singular oder Plural.**

a) Ich antworte ...

... mein....... Lehrerin ... d....... Freundin............... ... mein....... Bruder

b) Du dankst ...

... dein....... Opa ... dein....... Geschwister.... ... d....... Freund.......

➤

c) Das Auto gehört ...

... d....... Eltern ... mein....... Chef ... unser....... Tante

d) Wir gratulieren ...

... unser....... Cousin ... d....... Kollegin ... d....... Schüler....

e) Er hilft ...

... sein....... Sohn ... d....... Kinder.... ... eur....... Nachbarin

A2 **5 Situationen im Alltag. Ergänzen Sie die Artikel- und Fragewörter im Dativ.**

Dialog A

- Von w....... ist denn dieses schöne Geschenk?
- Von mein....... Mutter.
- Echt toll! Sag dein....... Mutter einen schönen Gruß!

Dialog B

- W....... gehören denn diese Spielsachen?
- D....... Kindern aus dem 3. Stock.
- Ah okay. Kannst du bitte d....... Eltern Bescheid sagen, dass sie die Sachen holen sollen?

Verben mit Akkusativ und Dativ

Einige Verben können mit Akkusativ und Dativ stehen.

Es gilt: Die Person steht im Dativ, die Sache im Akkusativ!

Ich erzähle meinem Kind ***(= Dativ)*** *eine Geschichte* ***(= Akkusativ).***

A2 **6 Dativ (D) oder Akkusativ (A)? Ergänzen Sie.**

a) Zum Geburtstag schenke ich meinem Sohn (D) ein Fahrrad (A).

b) Könntest du meiner Schwester (.....) bitte ein bisschen Geld (.....) leihen?

c) Würden Sie die Unterlagen (.....) bitte Ihrem Kollegen (.....) geben?

d) Die Aufgaben (.....) erklärt der Lehrer den Schülerinnen (.....) und Schülern (.....).

e) Die Großmutter liest ihren Enkeln (.....) ein Märchen (.....) vor.

f) Gestern hat sie ihrer Tochter (.....) ein Kleid (.....) und neue Schuhe (.....) gekauft.

2 **7a) Dativ Plural oder Akkusativ Singular? Entscheiden Sie und kreuzen Sie an.**

Tipp: Wenn Sie unsicher sind, fragen Sie:

Wen? Was? *den Hund* ➤ Akkusativ Singular
Wem? Was? *den Hunden* ➤ Dativ Plural

	Dativ Pl.	Akkusativ Sg.
a) den Chef	○	○
b) den Freundinnen	○	○
c) den Gästen	○	○
d) den Garten	○	○
e) den Kindern	○	○

7b) Bilden Sie Sätze wie im Beispiel. Der Nominativ (N) ist immer vorgegeben.

Tipp: Die Person steht im Dativ, die Sache im Akkusativ.

a) Wir (N) / Gutschein / Freundinnen / schenken / unsere

Wir schenken unseren Freundinnen einen Gutschein.

b) Chef (N) / Problem / Mitarbeiter (Pl.) / erklären

....

c) Bringen / Nachbarin / Einkäufe / du (N) / bitte ?

....

d) Kinder / Lilly (N) / schreiben / Brief / ihre / ein

....

e) Jonas (N) / Garten / Gäste / zeigen

....

f) Geben / Butter / du (N) / ich / bitte ?

....

A2 **8 Lange nicht gehört! Lesen Sie die E-Mail und kreuzen Sie die richtige Lösung an.**

Lieber Ahmad,
wie geht es dir? Ich habe dich lange nicht gesehen und seit Monaten nichts von dir gehört. Aber ich erinnere mich, dass du heute (1) hast! Ich habe ihn nicht vergessen! Ich gratuliere dir sehr herzlich und wünsche dir (2) ! Als wir uns das letzte Mal gesehen haben, hast du (3) getragen. Du hast damals (4) gesucht und dich bei (5) vorgestellt. Hast du (6) eigentlich bekommen? Ich habe auch lange (7) gesucht und habe jetzt endlich etwas gefunden. Dafür musste ich leider umziehen und mir (8) kaufen, denn die Zentrale (9) ist etwas weiter von (10) Wohnung entfernt. Die Einrichtung (11) ist ganz neu und wenn du mich mal besuchst, zeige ich dir alles. Der Umzug war wirklich sehr anstrengend, aber meine Freunde haben mir geholfen. Jetzt habe ich dir (12) erzählt. Vielleicht möchtest du mir schreiben und mir ein bisschen von dir erzählen? Ich würde mich freuen!

Viele Grüße
Natalie

(1)
- ◯ einen Geburtstag
- ◯ Geburtstag
- ◯ den Geburtstag

(2)
- ◯ alle Guten
- ◯ allem Guten
- ◯ alles Gute

(3)
- ◯ einen Anzug
- ◯ ein Anzug
- ◯ einem Anzug

(4)
- ◯ einem neuen Job
- ◯ ein neuer Job
- ◯ einen neuen Job

(5)
- ◯ einer Firma
- ◯ eine Firma
- ◯ ein Firma

(6)
- ◯ des Jobs
- ◯ dem Job
- ◯ den Job

(7)
- ◯ einer Arbeit
- ◯ eine Arbeit
- ◯ ein Arbeit

(8)
- ◯ ein Auto
- ◯ eines Autos
- ◯ einem Auto

(9)
- ◯ diese Firma
- ◯ dieser Firma
- ◯ dieser Firmen

(10)
- ◯ meine
- ◯ meines
- ◯ meiner

(11)
- ◯ meine Wohnung
- ◯ meiner Wohnung
- ◯ meiner Wohnungen

(12)
- ◯ aller Neuigkeiten
- ◯ alle Neuigkeiten
- ◯ allen Neuigkeiten

Präpositionen mit Kasus

Präpositionen mit Akkusativ

Diese Präpositionen stehen **immer** mit Akkusativ:

bis	*Leider musst du noch bis nächsten Montag warten.*
durch	*Ich spaziere durch den Park.*
für	*Die Blumen sind für deine Mutter!*
gegen	*Der Ball fliegt gegen die Mauer.*
ohne	*Ohne meinen Hund fühle ich mich allein.*
um	*Die Katze schleicht um die Ecke.*

2 **1 Lesen Sie die Dialoge und ergänzen Sie die Artikelwörter im Akkusativ.**

Dialog A

- ● Hallo Parwaiz, was machst du heute?
- ○ Ich will um (1) .... Park joggen, kommst du mit?
- ● Nein, das ist mir zu anstrengend. Ich spaziere lieber durch (2) .... Stadt.

Dialog B

- ● Max hat gerade abgesagt. Er kommt nicht zum Fest.
- ○ Ach wie schade! Ohne dein .... Bruder ist es total langweilig!

Dialog C

- Das sind aber schöne Blumen!
- Die sind für mein.... Freundin.
- Super!

Dialog D

- Wie siehst du denn aus?
- Ich bin gegen .... Schrank gelaufen ...
- Oh je, du Armer!

Dialog E

- Frau Drang braucht den Bericht für (1) .... Chef. Schaffst du das bis (2) nächst.... Woche?
- Ja, bis (3) nächst....... Donnerstag sollte ich es schaffen.
- Super! Danke für (4) dein.... Hilfe.

A2 **2 Schreiben Sie Sätze. Achten Sie auf den Akkusativ nach der Präposition.**

a) Er / sich interessieren / für / dein / Schwester

....

b) Dürfen / ich / dich / um / Gefallen / bitten ?

....

c) Wir / sein / gegen / Vorschlag

....

d) Können / du / Aufgabe / bis / nächste / Woche / machen ?

....

e) Ohne / mein / Hund / können / ich / nicht / schlafen

....

f) Katze / spazieren / durch / Garten

....

Präpositionen mit Dativ

Diese Präpositionen stehen immer mit Dativ:

aus	*Er kommt gerade aus der Sprachschule.*
bei	*Treffen wir uns bei der Organisatorin?*
mit	*Sie spricht mit dem Lehrer.*
nach	*Was machst du nach der Arbeit?*
seit	*Ich lerne seit einem Jahr Deutsch.*
von	*Ich habe die Information von seiner Freundin.*
zu	*Fährst du zum Festival?*

A2 **3 Wie heißt der Dativ? Ergänzen Sie.**

a) Ich bin seit drei Jahren in Deutschland.
A) drei Jahren B) drei Jahre C) drei Jahr

b) Ist das Geschenk von .... ?
A) deines Freundes B) deinem Freund C) einen Freund

c) Er geht nach .... schwimmen.
A) die Arbeit B) das Arbeit C) der Arbeit

d) Bleibst du heute bei .... ?
A) deinen Eltern B) deiner Eltern C) deine Eltern

e) Victoria fährt zu ....
A) ihre Freundin B) ihre Freundinnen C) ihrer Freundin

f) Gehen Sie mit .... ins Konzert?
A) Ihr Mann B) Ihren Mann C) Ihrem Mann

g) Kannst du bitte die Koffer aus .... holen?
A) der Keller B) den Keller C) dem Keller

A2 **4 Mit dem Auto. Lesen Sie den Dialog und unterstreichen Sie das korrekte Artikelwort.**

● Hi Siri! Du hast einen neuen Job, oder? Wie kommst du denn jetzt jeden Tag **(1) zu / zur / zum** Arbeit?

○ Meistens fahre ich mit **(2) das / der / dem** Auto, manchmal aber auch mit **(3) der / das / dem** Bus.

● Seit wann hast du denn ein Auto?

○ Seit einem Monat. Ich habe das alte Auto von **(4) meinen / meiner / meine** Eltern bekommen.

● Wie praktisch!

○ Ja, nicht wahr? Heute fahre ich nach **(5) der / die / das** Arbeit zu **(6) meiner / mein / meinem** Freund.

● Ach, ich wusste gar nicht, dass dein Freund auch hier wohnt?

○ Noch nicht, aber er zieht bald aus **(7) das / dem / der** Stadt weg und kommt zu **(8) mich / mir / ich**.

A2 **5 Schreiben Sie Sätze und beachten Sie den Dativ nach der Präposition.**

a) Oya / kommen / aus / Türkei

....

b) Seit / ein / Jahr / lernen / sie / Deutsch

....

c) Sie / erzählen / oft / von / ihre / Heimat

....

d) Sie (Pl.) / bedanken / sich / bei / Lehrerin

....

e) Sibel / fragen / nach / Testergebnis

....

f) Lehrerin / gratulieren / ihr / zu / Geburtstag

....

Wechselpräpositionen

Diese Präpositionen können mit Dativ oder Akkusativ stehen:
an – auf – hinter – in – neben – über – unter – vor – zwischen
Sie heißen deshalb **Wechselpräpositionen.**

Auf die Frage **Wo?** folgt Dativ, auf die Frage **Wohin?** folgt Akkusativ.
Wo? gibt einen Ort (•) an, **Wohin?** gibt eine Richtung (➤) an.

Dativ (Wo?)	**Akkusativ (Wohin?)**
Ich bin im Fitnessstudio.	*Ich gehe ins Fitnessstudio.*
Die Katze sitzt auf der Bank.	*Die Katze setzt sich auf die Bank.*
Der Mantel hängt an der Garderobe.	*Sie hängt den Mantel an die Garderobe.*
Das Tablet liegt neben der Tasche.	*Er legt das Tablet neben die Tasche.*
usw.	usw.

6 Wo? oder Wohin? Dativ oder Akkusativ? Kreuzen Sie an und ergänzen Sie den bestimmten Artikel im richtigen Kasus.

	Wo?	Wohin?
a) Das Smartphone liegt unter .... Stuhl.	○	○
b) Sie geht hinter .... Haus.	○	○
c) Er legt das Buch neben .... Tablet.	○	○
d) Die Lampe hängt über .... Esstisch.	○	○
e) Der Hund schläft unter .... Treppe.	○	○
f) Er fährt das Auto in .... Garage.	○	○
g) Der Schrank steht an .... Wand.	○	○

A2 **7 Akkusativ oder Dativ? Beantworten Sie die Fragen wie im Beispiel und notieren Sie die Nomen und Artikelwörter im richtigen Kasus.**

a) Wohin gehst du?
in + Copyshop .... *in den Copyshop*

b) Wo ist eigentlich Eva?
in + Wohnzimmer ....

c) Wohin hast du den Schlüssel gelegt?
auf + Kommode ....

d) Wo liegt denn mein Smartphone?
auf + Tisch ....

e) Wohin hängen wir das Plakat?
über + Tafel ....

f) Wo hängt die Liste?
an + Wand ....

g) Wohin setzt sich Luisa?
zwischen + ihre Freunde ....

h) Wo sitzt Dimi?
hinter + seine Geschwister ....

Nomen im Genitiv

Der Genitiv eines Nomens zeigt an, **wer/was zu wem gehört bzw. wem etwas gehört.** Er kennzeichnet also die Zugehörigkeit von Personen oder Sachen zu einem Nomen. Somit kann man mit dem Genitiv auch sagen, **was man genau meint.**

Genitiv bei Namen: *Lauras Geburtstag* (Name mit Genitiv-s + Nomen ohne Artikelwort)

Genitiv bei Nomen: *der Geburtstag meines Bruders* (Nomen mit Artikelwort + Nomen mit Artikelwort im Genitiv)

1 Bilden Sie den Genitiv. Ergänzen Sie auch die Artikelwörter.

a) Größe – Haus ... die Größe des Hauses

b) Gesundheit – Mutter ...

c) Name – Kind ...

d) Alter – Großmutter ...

e) Adresse – Hotel ...

f) Inhalt – Zeitung ...

g) Hitze – Sommer ...

2 Etwas formeller, bitte! Schreiben Sie die Sätze mit Genitiv.

a) Die Farbe von dem Pullover gefällt mir nicht.
Die Farbe des Pullovers gefällt mir nicht.

b) Wie lautet die Adresse von der Firma?
...

c) Haben Sie die E-Mail-Adresse von dem Kollegen?
...

d) Leider müssen wir das Haus von meinen Eltern verkaufen.
...

3 Wer ist das eigentlich? Erklären Sie und verwenden Sie den Genitiv.

Lena und Max sind auf die Party eines Freundes eingeladen. Max ist neu in der Stadt und kennt niemanden.

Max: Meine Güte, sind hier viele Leute! Wer sind die denn alle?

Lena: Also, der da hinten heißt Ramon. Er ist (1) ... (Lisa / Freund).

Max: Aha. Und wer ist Lisa?

→

Lena: Na (2) ....

(Schwester / meine Freundin) Anne.

Max: Ach so, okay. Und wer ist der Typ mit dem Hut?

Lena: Das ist Carlo! Cooler Typ!

Max: Und woher kennst du ihn?

Lena: Er war (3) ....

(Dozent / unser Workshop) im letzten Jahr. Hast du das schon vergessen?

Max: Ach der! Und die Frau dort hinten?

Lena: Das ist Frau Schulz, (4) ....

(Frau / Bürgermeister).

Max: Was macht die denn hier?

Lena: Sie ist (5) ....

(Direktorin / Gymnasium). Außerdem ist sie (6) ....

.... (Koordinatorin / Deutschkurse)

für Flüchtlinge. Sie ist sozial sehr aktiv.

Max: Interessant! Mit ihr möchte ich mich einmal unterhalten.

Präpositionen mit Genitiv

Diese Präpositionen stehen mit Genitiv:
außerhalb – innerhalb – trotz – während – wegen

außerhalb:	*Außerhalb der Stadt ist es ruhiger.*
innerhalb:	*Innerhalb einer halben Stunde hatte sie die Wohnung aufgeräumt.*
trotz:	*Trotz der großen Entfernung sieht sie ihre Familie oft.*
während:	*Während des Fluges sollten Sie sitzen bleiben.*
wegen:	*Das Spiel wurde wegen des starken Regens abgesagt.*

1a) Außerhalb und innerhalb. Ergänzen Sie die Genitivendungen.

a) Innerhalb d....... Schulgebäud....... dürfen die Schüler keine Smartphones benutzen.

b) Mohsin liebt das Leben außerhalb d....... groß....... Städt..... .

c) Innerhalb d....... historisch....... Altstadt sind Autos verboten.

d) Außerhalb d....... Bürozeit....... erreicht man niemanden.

1b) Notieren Sie vollständige Sätze.

a) Außerhalb / Öffnungszeiten / man / nicht / in Parkgarage / parken / können

....

b) Innerhalb / Arztpraxis / Handys / nicht / erlaubt / sein

....

c) Außerhalb / Stadt / Leben / ruhiger / sein

....

d) Innerhalb / eine Stunde / Büro / sie / aufräumen

....

2a) Trotz und wegen. Ergänzen Sie die Genitivendungen und ordnen Sie die Satzhälften zu.

a) Wegen d....... schlecht....... Wetter.....

b) Trotz d....... schlecht....... Wetter.....

c) Wegen ein....... groß....... Stau.....

d) Trotz ein....... groß....... Stau.....

1) spielen die Kinder im Garten.

2) bin ich pünktlich gekommen.

3) spielen die Kinder im Haus.

4) bin ich zu spät gekommen.

a) .... b) .... c) .... d) ....

2b) Notieren Sie die Nebensätze mit trotz oder wegen.

Tipp: *weil* ➤ *wegen, obwohl* ➤ *trotz*

a) weil es stürmisch ist (➤ der Sturm)

wegen des Sturms

b) obwohl die Straßen trocken sind

....

c) weil ich starke Schmerzen habe

....

d) obwohl er sich angestrengt hat (➤ die Anstrengung)

....

e) weil der Zug Verspätung hat

....

B1 **3 Das darf man nicht! Notieren Sie vollständige Sätze mit während.**

a) Konzert – husten:

Während des Konzerts darf man nicht husten.

b) Unterricht – essen:

....

c) Prüfung – telefonieren:

....

d) Mittagspause – laut sein:

....

e) Flug – rauchen:

....

Nomen der N-Deklination

1a) Kreuzen Sie den richtigen Kasus an. Manchmal sind mehrere Antworten möglich.

a) den Elefanten	◯ Akkusativ Sg.	◯ Dativ Pl.
b) des Präsidenten	◯ Dativ Sg.	◯ Genitiv Sg.
c) der Junge	◯ Genitiv Pl.	◯ Nominativ Sg.
d) dem Automaten	◯ Dativ Sg.	◯ Dativ Pl.
e) die Pädagogen	◯ Nominativ Pl.	◯ Akkusativ Pl.

1b) Wie lautet die Kasusform? Markieren Sie.

a) Nominativ Pl.:	der Kollege – die Kollegen – die Kollegin
b) Genitiv Sg.:	des Nachbars – des Nachbarns – des Nachbarn
c) Dativ Pl.:	dem Journalisten – den Journalisten – der Journalisten
d) Akkusativ Sg.:	den Mensch – den Menschen – die Menschen
e) Genitiv Pl.:	der Informant – des Informanten – der Informanten

1c) Notieren Sie alle Nomen der N-Deklination im Dativ.

Kollege • Prüfung • Junge • Freundschaft • Nachbar
Traurigkeit • Elefant • Lehrerin • Präsident • Arzt • Doktorand
Gewitter • Informant • Ferien • Automat • Zoo • Pädagoge
Tisch • Buchstabe • Zimmer

....

....

....

....

....

B1 **2 Im Zoo. Lesen Sie den Text und kreuzen Sie die richtigen Formen an.**

Gestern war ich mit meinen Kindern im Zoo. Das war wirklich toll! Am besten hat (1) das Gehege mit (2) gefallen. Die Lieblingstiere meiner jüngsten Tochter sind aber (3). Sie sind noch viel größer. Das Gewicht (4) kann bis zu 7 Tonnen betragen! Ein ausgewachsener (5) frisst ca. 160 Kilogramm am Tag und trinkt ungefähr 100 Liter Wasser. Auf dem Weg zu (6) sind wir (7) begegnet. Er hat den Tag auch mit seiner Familie im Zoo verbracht. Bei (8) war richtig viel los und das hatte auch einen Grund: Der Zoodirektor und ein paar (9) haben sie gefüttert. Das war lustig, denn (10) haben mit (11) natürlich ihre Späße getrieben. Alle mussten lachen! Und natürlich wünschen sich meine Kinder nun als Haustier auch (12)!

(1)
- ◯ meine Jungen
- ◯ meiner Jungen
- ◯ meinen Jungen

(2)
- ◯ den Löwen
- ◯ die Löwen
- ◯ der Löwen

(3)
- ◯ Elefantens
- ◯ Elefanten
- ◯ Elefant

(4)
- ◯ eines Elefantens
- ◯ eines Elefanten
- ◯ ein Elefant

(5)
- ◯ Elefantens
- ◯ Elefanten
- ◯ Elefant

(6)
- ◯ die Affen
- ◯ der Affen
- ◯ den Affen

(7)
- ◯ unseres Nachbarn
- ◯ unserem Nachbarn
- ◯ unsere Nachbarn

(8)
- ◯ den Affen
- ◯ die Affen
- ◯ der Affen

(9)
- ◯ Praktikant
- ◯ Praktikanten
- ◯ Praktikantens

(10)
- ◯ den Affen
- ◯ die Affen
- ◯ der Affen

(11)
- ◯ den Menschen
- ◯ die Menschen
- ◯ der Menschen

(12)
- ◯ eines Affen
- ◯ ein Affe
- ◯ einen Affen

4 | Weitere Artikelwörter

Diese Artikelwörter und ihre Deklinationen kennen Sie bereits aus Kapitel 3:

- die bestimmten Artikel ***der, das, die***
- die unbestimmten Artikel ***ein*** und ***eine***
- die Negationsartikel ***kein*** und ***keine*** (Deklination wie ***ein*** und ***eine***)
- den Nullartikel

Es gibt weitere Artikelwörter, die man in zwei Gruppen einteilen kann:

1) Deklination wie *der, das, die*		
	Bedeutung	**Beispiel**
dieser, dieses, diese	bestimmt eine Sache oder Person genau	*Meinst du dieses Bild oder das andere?*
jeder, jedes, jede Plural: **alle**	alle Personen oder Sachen	- *Das weiß doch jedes Kind! Jede Hose kostet 20 €.* - *Alle haben die Krönung von König Charles im Fernsehen gesehen.*
mancher, manches, manche	nicht alle, nur ein paar, wenige	*Manche Leute mögen das nicht.*
einige (Plural)	nicht alle, nur ein paar, wenige	*Einige Kollegen arbeiten im Homeoffice.*
welcher, welches, welche	Fragewort nach bekannten Sachen oder Personen	*Welcher Pullover passt besser? Der rote oder der blaue?*

2) Deklination wie *ein, eine*		
	Bedeutung	**Beispiel**
Was für ein/eine ... ?	Frage nach unbekannten Sachen oder Personen	*Was für einen Termin meinst du? Wovon redest du?*
irgendein, irgendeine Plural: **irgendwelche**	unbestimmt, unklar	- *Gibt es hier irgendein Café in der Nähe? Ich habe Durst.* - *Kennst du irgendwelche Leute, die eine Wohnung vermieten?*

B1 **1 Lesen Sie den Dialog und ergänzen Sie die Endungen der Artikelwörter.**

Tipp: Zwei Artikelwörter haben keine Endung.
Machen Sie hier einen Strich (–).

● Oma hat bald Geburtstag. Wir brauchen noch (1) irgendein ..... Geschenk.

○ Ja, stimmt! Ich könnte (2) ein .... Blumenstrauß kaufen. Hast du noch (3) irgendwelch ..... Ideen?

● Vielleicht (4) irgendein ..... CD?

○ Ja, gute Idee! Oder wollen wir (5) irgendwelch ..... Pralinen schenken?

● Nein, ich backe doch (6) ein .... Kuchen. Ich werde (7) irgendein ..... Rezept aus (8) mein .... neuen Kochbuch ausprobieren.

○ Okay, super!

B1 **2 Lesen Sie den Dialog und ergänzen Sie die Artikelwörter aus dem Wortspeicher.**

diese • dieser • einige • irgendein • manche • was für • welches

● Guten Tag, ich würde gerne (1) .... Buch für meinen Freund kaufen.

○ (2) .... Bücher interessieren ihn denn? Wir haben seit gestern (3) .... neue Bücher.

● Ah, (4) .... Bücher hier klingen interessant. (5) .... würden Sie denn empfehlen?

○ Hm, (6) .... Kunden mögen keine Romane. Ich denke, (7) .... Krimi ist eine gute Wahl.

● Gut, dann nehme ich den Krimi.

3 Lesen Sie und markieren Sie: Welches Artikelwort passt?

- Also, (1) alle / manche / diese Leute sind ja echt komisch!
- Warum?
- Gestern kam so (2) kein / mancher / ein Typ ins Café und hat (3) eine / jede / manche „Badeschorle" bestellt.
- Was soll (4) der / das / die denn sein?!
- (5) Alle / Jede / Keine Ahnung! (6) Diese / Die / Irgendeine Bedienung war ganz unsicher. Und (7) irgendwelche / diese / alle haben dumm geguckt.
- (8) Ein / Das / Kein kann ich mir gut vorstellen.
- (9) Einige / Welche / Diese Leute haben angefangen zu lachen. Aber dann hat (10) jeder / kein / dieser Mann seinen Wunsch noch einmal wiederholt: „(11) Irgendeine / Eine / Manche Rhabarberschorle, bitte!"
- Ach nein! Dann hat (12) jeder / keiner / einer ihn falsch verstanden!
- Genau, unglaublich, oder?

4 Welches Artikelwort passt? Lesen Sie die Artikelwörter auf der nächsten Seite und kreuzen Sie an.

- Können wir uns bald treffen?
- Ja, aber (1) Woche habe ich (2) Zeit. Kannst du nächste Woche?
- Ach schade, nächste Woche bin ich im Urlaub. Vielleicht klappt es doch noch an (3) Abend?
- Hm, das wird schwierig. Übernächste Woche habe ich aber bis jetzt noch (4) Abend frei!
- Super, (5) Abend nehmen wir?
- Mittwochabend?
- Okay, bis dann!

(1) ◯ jede
◯ diese
◯ keine

(2) ◯ jede
◯ diese
◯ keine

(3) ◯ jedem
◯ keinem
◯ irgendeinem

(4) ◯ jeden
◯ den
◯ irgendwelche

(5) ◯ welchen
◯ irgendwelchen
◯ irgendeinen

B1 **5 Kreuzen Sie an: Was bedeuten die grünen Wörter? Etwas ...**

	... Bestimmtes	... Unbestimmtes	Alle	Nicht alle	... Bekanntes	... Unbekanntes
a) Welche Serie guckt ihr gerade? „Sopranos" oder „Breaking Bad"?	◯	◯	◯	◯	◯	◯
b) Ist hier irgendjemand, der sich auskennt?	◯	◯	◯	◯	◯	◯
c) Ich möchte dieses Kleid, das andere gefällt mir nicht.	◯	◯	◯	◯	◯	◯
d) Manche Kinder mögen keine Schokolade.	◯	◯	◯	◯	◯	◯
e) Okay, wir nehmen den Termin. Da haben alle Zeit.	◯	◯	◯	◯	◯	◯
f) Was für eine Schallplatte meinst du? Ich höre nur noch Spotify.	◯	◯	◯	◯	◯	◯
g) Sie müssen die Medizin jede Stunde nehmen.	◯	◯	◯	◯	◯	◯
h) Einige Kollegen essen mittags in der Kantine.	◯	◯	◯	◯	◯	◯

5 | Wortbildung

Es gibt im Deutschen mehrere Möglichkeiten, neue Nomen zu bilden:

Nominalisierung von Verben

Am einfachsten bildet man ein neues Nomen, indem man ein Verb **nominalisiert**. Das bedeutet: Man stellt vor den **Infinitiv** den bestimmten Artikel **das** und schreibt das Verb **groß**.

das *Lachen,* ***das*** *Laufen,* ***das*** *Spazierengehen,* ***das*** *Kochen,* ***das*** *Lernen usw.*

Es können auch andere Artikelwörter oder die Kurzformen von Präpositionen eine Nominalisierung anzeigen:

dein *Lachen,* ***beim/zum*** *Schwimmen usw.*

- ***Das Lachen*** *von Kindern höre ich sehr gerne.*
- ***Beim Kochen*** *muss man gut aufpassen.*
- *Ich kann* ***ihr Singen*** *nicht mehr hören.*

Wichtig: Durch die Nominalisierung hat man Verben zu Nomen gemacht und schreibt sie deswegen **immer groß!**

Nomen aus anderen Wörtern mit Suffixen

Nomen können auch aus anderen Wörtern gebildet werden. Dafür hängt man bestimmte Nachsilben (= Suffixe) an die Wörter, z. B.:

Nomen aus Verben

-ung: *prüfen – die Prüfung • wohnen – die Wohnung • einladen – die Einladung …*
-er: *lehren – der Lehrer • fahren – der Fahrer • verkaufen – der Verkäufer …*
-e: *lieben – die Liebe • bitten – die Bitte • mieten – die Miete …*

Nomen aus Adjektiven

-e: *weit – die Weite • tief – die Tiefe • warm – die Wärme • kalt – die Kälte …*
-heit: *gesund – die Gesundheit • krank – die Krankheit • frei – die Freiheit …*
-keit: *traurig – die Traurigkeit • sauber – die Sauberkeit …*
-schaft: *verwandt – die Verwandtschaft • bekannt – die Bekanntschaft …*

Nomen aus Nomen

-er: *Musik – der Musiker • Medizin – der Mediziner ...*
-ler: *Sport – der Sportler • Kunst – der Künstler ...*
-in: *Arzt – Ärztin • Chef – Chefin • Journalist – Journalistin ...*
-chen: *Haus – das Häuschen • Brot – das Brötchen • Tier – das Tierchen ...*
-lein: *Schwester – das Schwesterlein • Tisch – das Tischlein ...*

Wichtig: Das Suffix bestimmt das Genus des Nomens!

Immer feminin: Nomen auf ***-heit, -keit, -ung, -schaft, -in***
Immer neutrum: Nomen auf ***-chen, -lein***
Immer maskulin: Nomen auf ***-er, -ler***

Zusammengesetzte Nomen: Komposita

Im Deutschen kann man auch mehrere Wörter zusammensetzen und daraus ein neues Nomen machen. Diese neuen Nomen nennt man **Komposita**.

Ein Kompositum besteht aus einem **Grundwort** und einem **Bestimmungswort**. Das Grundwort bestimmt, welches Genus das Kompositum hat. Es steht immer an der letzten Stelle. Manchmal steht zwischen dem Bestimmungswort und dem Grundwort noch ein ***-n-*** oder ein ***-s-***. Man nennt diese Buchstaben **Fugenelemente**.

Es gibt i. d. R. diese Kombinationen:

Nomen + Nomen

Bestimmungswort		-n-/-s-		Grundwort		Kompositum
die Orange	+	**-n-**	+	*der Saft*	=	*der Orangensaft*
die Liebe	+	**-s-**	+	*der Brief*	=	*der Liebesbrief*
der Tisch	+	–	+	*die Decke*	=	*die Tischdecke*

Verbstamm + Nomen

koch~~en~~ + das Buch = *das Kochbuch*
fahr~~en~~ + das Rad = *das Fahrrad*
wasch~~en~~ + die Maschine = *die Waschmaschine*

Adjektiv + Nomen		**Präposition + Nomen**	
hoch + das Haus	= *das Hochhaus*	*vor + die Speise*	= *die Vorspeise*
tief + die Garage	= *die Tiefgarage*	*nach + der Mittag*	= *der Nachmittag*
super + der Markt	= *der Supermarkt*	*unter + die Schrift*	= *die Unterschrift*

Nominalisierung von Verben

Nomen oder Verb? Groß- oder kleinschreiben?

Oft steht in Texten oder Sätzen vor dem nominalisierten Verb **kein** Artikelwort (= Nullartikel). Man muss also entscheiden: Nomen oder Verb? Groß- oder kleinschreiben? Machen Sie die **Ergänzungsprobe:** Können Sie vor dem Verb das Artikelwort ***das*** ergänzen, so ist es nominalisiert und wird großgeschrieben.

Beispiel:
- *Die Schauspielerin liebt (das) Kochen mit Freunden.*
- *An heißen Sommertagen ist (das) Schwimmen der perfekte Sport.*

Achten Sie aber auch auf andere Wörter, die ein Nomen anzeigen können, z. B. die Kurzformen der Präpositionen ***beim*** und ***zum*** oder Adjektive.

Beispiel:
- *Regelmäßiges Spazierengehen ist gesund.*

B1 1 Ergänzen Sie die Regel mit den Wörtern aus dem Wortspeicher.

Nominalisierung • Präpositionen • das
nominalisieren • ein • Infinitiv

Aus Verben können Nomen werden, das bedeutet, man kann sie (1) .... Vor den (2) .... des Verbs stellt man das Artikelwort (3) .... Es können aber auch andere Wörter, wie z. B. die Kurzformen von (4) .... (beim, zum usw.) oder andere Artikelwörter wie (5) .... , mein, dein etc., die (6) .... anzeigen.

B1 **2 Ergänzen Sie die nominalisierten Verben.**

a) Olivia schwimmt sehr gerne. Das Schwimmen macht ihr besonders viel Spaß.

b) Mary geht gerne spazieren. Beim .... hat sie viele gute Ideen.

c) Tom kocht abends nach der Arbeit. Beim .... kann er sich am besten entspannen.

d) Heute sind wir viel durch die Stadt gelaufen. Durch das viele .... tun mir die Füße weh.

e) Ich habe schon lange nicht mehr getanzt. Aber am Wochenende bin ich mit Freunden zum .... verabredet.

B1 **3 Während. Nominalisieren Sie das Verb. Ergänzen Sie dann wie im Beispiel das Nomen im Genitiv.**

a) kochen: Während des Kochens telefoniere ich.

b) lesen: Während .... höre ich Musik.

c) putzen: Während .... denke ich an sie.

d) baden: Während .... lerne ich Vokabeln.

e) essen: Während .... unterhalte ich mich.

Nomen mit Suffixen

Personen und Berufe

A2 **1a) Nomen aus Verben I. Wer ist das? Bilden Sie Nomen auf *-er* und *-in* in der maskulinen und femininen Form.**

■ **Tipp:** Manche Nomen haben einen Umlaut im Stammvokal.

a) mieten der Mieter, die Mieterin

b) hören ....

c) lernen ....

d) kaufen ....

e) finden ....

f) laufen ....

g) gewinnen ....

1b) Nomen aus Verben II. Wie heißen die Berufe zu diesen Verben? Notieren Sie die maskuline und die feminine Form des Nomens.

a) lehren ....

b) verkaufen ....

c) backen ....

d) malen ....

e) singen ....

f) schneiden ....

g) fahren ....

1c) Nomen aus Nomen. Welche Berufe haben diese Personen? Ergänzen Sie die Suffixe *-er, -ler* oder *-in*.

a) Esra hat Medizin studiert, sie ist eine gute Mediziner...... und Ärzt...... .

b) Axel hat Physik studiert. Er ist Physik...... .

c) Hamid arbeitet an der Universität. Er ist Wissenschaft........ .

d) Selina ist total sportlich. Sie ist eine gute Sportler............. .

e) Leon spielt professionell Klavier. Er ist Musik...... .

f) Tim malt und zeichnet sehr gut. Er ist ein richtiger Künst........ .

g) Georgi ist sehr engagiert. Er möchte Politik...... werden.

Immer feminin!

B1 **2a) Bilden Sie aus diesen Verben Nomen mit der Endung *-ung*. Ergänzen Sie den bestimmten Artikel.**

a) üben .... d) lösen ....

b) meinen .... e) erzählen ....

c) leiten .... f) ordnen ....

2b) *-heit* oder *-keit*? Bilden Sie Nomen mit diesen Adjektiven. Ergänzen Sie den bestimmten Artikel.

dunkel • herzlich • krank • traurig • gesund
fröhlich • dumm • sauber • frei

-heit	**-keit**
....	....
....	....
....	....
....	....
....	....

2c) *-heit, -keit, -schaft-* oder *-ung*? Ergänzen Sie das Nomen mit der richtigen Endung.

a) Meine Güte, wie sieht es denn hier aus?! Hast du schon einmal etwas von .... (sauber) gehört? Bitte putze dein Zimmer!

b) Du musst dich noch für die .... (prüfen) anmelden. – Danke für die .... (erinnern).

c) In der .... (dunkel) kann man den Weg sehr schlecht sehen.

d) Ich habe eine traurige .... (mitteilen). Ich verlasse das Unternehmen. – Bitte was? Ich hoffe, das ändert nichts an unserer .... (Freund).

e) In unserer .... (Nachbar) wird eine renovierte .... (wohnen) frei.

Nomen auf -e: feminin

3a) Bilden Sie aus Verben und Adjektiven feminine Nomen auf -e. Ergänzen Sie auch den bestimmten Artikel.

Tipp: Manche Nomen bekommen im Wortstamm einen Umlaut.

a) lieben	....	e) bitten	....
b) reisen	....	f) mieten	....
c) warm	....	g) nass	....
d) kalt	....	h) groß	....

3b) Ergänzen Sie in jedem Satz ein Nomen aus Aufgabe 3a.

a) Ich freue mich auf unsere .... nach Griechenland.

b) In der .... hier werde ich leicht krank und habe oft Schnupfen.

c) Die .... dort tut mir gut.

d) Die .... zu seiner Frau ist groß.

e) Die Wohnung gehört mir nicht. Ich zahle eine ziemlich hohe ....

f) In den Schrank geht richtig viel rein. Er hat eine gute ....

g) Es regnet schon seit Tagen. Die .... ist sehr unangenehm.

h) Ich habe eine .... : Könntest du mir vielleicht helfen?

Nomen auf -chen und -lein: neutrum

B1 **4a) *-chen* und *-lein* machen Nomen klein! Bilden Sie die Verkleinerungsformen dieser Nomen.**

Tipp: Manche Nomen bekommen im Wortstamm einen Umlaut. Es gibt keine feste Regel, wann man ein Nomen mit ***-chen*** und wann mit ***-lein*** bildet. Meistens benutzt man die Verkleinerungsform mit ***-chen***.

-chen		**-lein**	
der Schatz	....	das Kind	....
das Herz	....	die Schwester	....

4b) Zur Erinnerung: Ergänzen Sie die Regel.

Nomen auf ***-chen*** und ***-lein*** sind immer ....

4c) Kennen Sie das Märchen von Schneewittchen und den sieben Zwergen? Ergänzen Sie die Fragen der Zwerge und bilden Sie jedes Nomen in der verkleinerten Form mit *-chen*. Ergänzen Sie auch die Endung des Possessivartikels.

Tipp: Manche Nomen bekommen im Wortstamm einen Umlaut.

a) Wer hat auf mein .... (Stuhl) gesessen?

b) Wer hat von mein .... (Teller) gegessen?

c) Wer hat aus mein .... (Becher) getrunken?

d) Wer hat mit mein .... (Gabel) gegessen?

e) Wer hat mit mein .... (Messer) geschnitten?

f) Wer hat von mein .... (Brot) genommen?

g) Wer hat in mein .... (Bett) gelegen?

Zusammengesetzte Nomen: Komposita

Nomen + Nomen

1a) Grundwort und Bestimmungswort. Bilden Sie Komposita wie im Beispiel.

Hinweis: Das Genus des Grundwortes bestimmt das Genus des Kompositums!

a) die Tomate + **-n-** + die Suppe ➤ die Tomatensuppe

b) der Apfel + der Saft ➤ ....

c) das Bett + die Decke ➤ ....

d) die Liebe + **-s-** + der Brief ➤ ....

e) der Hals + die Schmerzen ➤ ....

f) die Zitrone + **-n-** + das Eis ➤ ....

g) der Geburtstag + **-s-** + das Geschenk ➤ ....

1b) Ein Bestimmungswort beschreibt ein Nomen noch genauer. Bilden Sie Nomen mit den folgenden Bestimmungswörtern. Achten Sie auf das Genus des Grundwortes!

Bestimmungswort: die Sonne

Grundwörter: die Brille, der Hut, die Creme, der Schirm

Fugenelement: **-n-**

- die Sonnenbrille
- ....
- ....
- ....

Bestimmungswort: der Liebling

Grundwörter: die Serie, das Thema, das Essen, der Pullover

Fugenelement: **-s-**

- ....
- ....
- ....
- ....

Bestimmungswort: der Geburtstag
Grundwörter: das Geschenk, die Torte, das Kind, der Wunsch
Fugenelement: **-s-**

- ....
- ....
- ....
- ....

Verbstamm + Nomen

B1 **2a) Bilden Sie mit den Verben und dem Grundwort *das Zimmer* neue Wörter. Schreiben Sie auch den bestimmten Artikel.**

Tipp: Die Infinitivendung ***-en*** entfällt. Bei zwei Zimmern benötigen Sie die Fugenelemente **-s-** und **-e-**.

a) schlafen das Schlafzimmer
b) arbeiten ....
c) spielen ....
d) wohnen ....
e) warten ....
f) essen ....

2b) Was bedeutet das genau? Notieren Sie die Komposita.

a) Eine Maschine zum Nähen ist eine Nähmaschine.
b) Ein Kurs fürs Kochen ist ein ....
c) Ein Tisch zum Schreiben ist ein ....
d) Schuhe zum Laufen sind ....
e) Eine Kanne zum Gießen ist eine ....
f) Ein Café zum Tanzen ist ein ....
g) Ein Platz zum Spielen ist ein ....

Adjektiv + Nomen

3 Kombinieren Sie die Adjektive aus dem Wortspeicher mit den Nomen. Ergänzen Sie den bestimmten Artikel.

Tipp: Gibt es Ihre Nomen wirklich? Überprüfen Sie mit einem Wörterbuch!

hoch • mega • groß • schnell • tief • alt • bunt • neu • voll • extrem

a) .... + Familie ➤ ....

b) .... + City ➤ ....

c) .... + Stadt ➤ ....

d) .... + Haus ➤ ....

e) .... + Milch ➤ ....

f) .... + Garage ➤ ....

g) .... + Straße ➤ ....

h) .... + Stift ➤ ....

i) .... + Wagen ➤ ....

j) .... + Wetter ➤ ....

Präposition + Nomen

4a) Bilden Sie neue Nomen aus Präpositionen und Nomen. Ergänzen Sie auch den bestimmten Artikel.

-speise • -meldung • -land • -lagen (Pl.)
-stand • -glied • -sicht • -tausch

a) an: die Anmeldung ....

e) nach: ....

b) aus: ....

f) um: ....

c) gegen: ....

g) unter: ....

d) mit: ....

h) vor: ....

4b) Ergänzen Sie die Sätze und bilden Sie Nomen mit den angegebenen Präpositionen.

auf • gegen • mit • nach • über • unter (2x) • vor (2x)

a) Die .... haltung mit ihm ist wirklich schwierig: Immer sagt er das .... teil von dem, was ich gesagt habe!

b) Der Vertrag ist fertig. Wir brauchen noch die .... schrift des .... arbeiters.

c) Ich muss am Wochenende arbeiten. Der .... teil ist, dass mich niemand stört. Der .... teil ist, dass ich keine Freizeit habe, aber viele .... stunden mache.

d) Gestern war ich mit meinen Kindern im Zirkus. Die .... stellung war toll! Vor allem der .... tritt des Clowns hat uns gut gefallen.

Zusammenfassung

B1 **5a) Urlaub mit der Großfamilie. Lesen Sie den Text und unterstreichen Sie alle Komposita.**

Wir sind eine Großfamilie. Mein Mann und ich haben sechs Kinder. Wenn wir in den Urlaub fahren, brauchen wir also ein Ferienhaus für acht Personen. Das findet man gar nicht so leicht und es ist außerdem ziemlich teuer. Ein echter Nachteil! Unser Haus ist sehr groß, es ist zwar kein Hochhaus, aber es hat trotzdem zwei Stockwerke. Wir haben sogar eine Doppelgarage, weil wir zwei Autos haben. Und natürlich mehrere Fahrradständer, denn jedes Familienmitglied hat ein eigenes Fahrrad. Mein Mann und ich schlafen in einem gemeinsamen Schlafzimmer, aber jedes Kind hat sein eigenes Kinderzimmer. Weil ich im Homeoffice arbeite, habe ich ein eigenes Arbeitszimmer. Das Wohnzimmer ist so groß, dass in einer Ecke ein großer

Esstisch stehen kann. Und jetzt kommt's: Im Keller gibt es sogar ein Schwimmbad! Ist das nicht ein Luxus? Für unsere Wasserratten ist das genau das Richtige! Damit das Wäschewaschen schnell geht, haben wir zwei Waschmaschinen und einen Wäschetrockner. Und natürlich viele verschiedene Küchengeräte, weil das Kochen sonst viel zu lang dauern würde. Ein riesiger Supermarkt ist auch in unserer Nähe. Umziehen werden wir sicher nicht so schnell. Und vor jedem Familienurlaub denke ich mir: Warum bleiben wir eigentlich nicht einfach zu Hause?

5b) Ordnen Sie die unterstrichenen Komposita aus Aufgabe 5a richtig zu.

Nomen + Nomen ....

....

....

Verb + Nomen ....

....

....

Adjektiv + Nomen ....

....

....

Präposition + Nomen ....

Lösungen

1 | Genus und Artikelwörter

1

V	Y	Q	J	U	F	S	P	O	O	X	C	C	C	S	E	K	G	H	C
G	E	S	C	H	W	I	S	T	E	R	N	Q	W	C	R	I	E	Q	O
U	Y	D	U	D	L	V	V	N	P	B	F	E	D	H	G	N	Z	W	Y
O	G	R	O	S	S	E	L	T	E	R	N	A	Y	W	L	D	S	B	S
D	Q	C	N	T	C	P	R	K	O	U	R	I	U	E	L	R	R	W	B
E	S	O	K	E	R	W	W	E	J	O	R	M	F	S	Y	E	Q	Z	Q
W	G	U	E	F	H	F	F	D	O	O	I	V	A	T	E	R	P	B	S
K	U	S	L	J	N	W	G	J	M	Z	V	F	K	E	O	G	Y	A	T
K	N	I	E	J	S	Y	S	B	A	I	Q	J	Z	R	S	T	A	B	D
P	S	N	O	Q	M	V	X	C	K	E	N	K	E	L	I	N	N	Y	D

der:	**die:**
Cousin	Schwester
Onkel	Oma
Vater	Enkelin
das:	**die (Pl.):**
Kind	Geschwister
Baby	Großeltern

2a) b) der Italiener – die Italienerin c) der Schwede – die Schwedin
d) der Spanier – die Spanierin e) der Pole – die Polin

2b) die: Türkei, Ukraine, Niederlande, USA, Schweiz
der: Iran, Libanon, Irak

3 **Dialog A:** (1) Afghanistan (2) Afghane (3) Deutschland (4) Deutsche
Dialog B: (1) Portugiese (2) Portugal (3) Syrerin (4) Syrien

4 a) die Lehrerin b) der Friseur c) der Sänger d) die Köchin e) die Ärztin f) die Polizistin

5a) a) Praktikant b) Automat c) Liebling d) Optimismus e) Optimist f) Pädagoge

5b) a) Mäd**chen** b) Prakti**kum** c) Bröt**chen** d) Dat**um**

5c) a) Informat**ion** b) Temperat**ur** c) Gesund**heit** d) Klei**dung** e) Verwandt**schaft**
f) Fröhlich**keit**

6 der Automat, das Foto, die Bäckerei, die Zeitung, der Computer, die Party, der Liebling, die Information, das Praktikum, das Ergebnis, die Firma

7 a) (die) Treppe b) (die) Tür c) (das) Tier

8a) a) die Ankunft b) der Bahnhof c) das Geld d) das Hotel e) die Karte f) der Plan

8b) der: Fuß, Kopf **das:** Auge, Bein **die:** Nase, Hand

2 | Numerus

1 (1) Numerus (2) Singularform (3) Pluralform (4) Endung (5) Artikelwortes (6) Umlaut
(7) ö (8) ü (9) die

2 b) die Richt**ung**, die Richtungen c) der Autom**at**, die Automaten d) die Bäcker**ei**, die Bäckereien e) der Journal**ist**, die Journalisten f) die Firm**a**, die Firmen g) das Bröt**chen**, die Brötchen h) die Frei**heit**, die Freiheiten i) der Pädag**oge**, die Pädagogen j) die Freund**schaft**, die Freundschaften k) das Aut**o**, die Autos l) das Hobb**y**, die Hobbys

3 b) die Babysitter c) die E-Mails d) die Männer e) die Eingänge f) die Feiern g) die Mütter h) die Kinder i) die Nachbarinnen

4

-e	-n	-nen	–	-s	-se
Zwillinge	Gabeln	Kellnerinnen	Messer	Partys	Zeugnisse
Lieblinge	Ampeln	Gärtnerinnen	Teller	Fotos	Zirkusse
			Schlüssel	Babys	Ereignisse
			Kätzlein	Zoos	Busse

5 a) Schwestern b) Fahrräder c) Äpfel d) Ärztinnen e) Kuchen f) Zähne g) Brötchen

6 **Singularwörter:** Gesundheit, Regen, Internet, Obst
Pluralwörter: Ferien, Eltern, Leute, Geschwister

7 a) (das) Alter b) (die) Gesundheit c) (der) Schnee d) (das) Eis e) (die) Ruhe f) (das) Studium

8 b) das Museum – die Museen c) das Zentrum – die Zentren d) die Praxis – die Praxen e) das Thema – die Themen f) das Praktikum – die Praktika g) das Visum – die Visa

3 | Kasus

Formenbildung

1 (1) Nominativ (2) Akkusativ (3) Dativ (4) Genitiv (5) Artikelwörter

2a) b) dem Stuhl c) den Termin d) die Kinder e) die Gäste f) der Frau

2b) a) Nominativ Sg. / Akkusativ Sg. b) Dativ Pl. c) Akkusativ Sg. d) Akkusativ Pl. / Nominativ Pl. e) Dativ Sg.

Verben mit Kasus

1 a) Katrin mag Tier**e**. Sie hat ei**nen** Hund, ei**ne** Katze, ei**n** Pferd, zwei V**ö**gel und drei Fisch**e**. Sie liebt Haustier**e** und kümmert sich gut um sie.
b) Faiz kocht gerne. Er wäscht **den** Reis und putzt **das** Gemüse. Dann schneidet er **das** Fleisch. Er kocht **den** Reis und brät **das** Fleisch. Dann gibt er **das** Gemüse in **den** Ofen. Zum Schluss probiert er **den** Wein und **die** Süßigkeiten.

2a) a) meinen **Schlüssel** b) **den Weg** c) eine **Erkältung** d) **die Nachbarin** e) **die Geschenke** f) **das Fenster** g) seine **Hose**

2b) a) Die Kollegen vereinbaren einen Termin. b) Kannst / Könntest du bitte meinen Koffer tragen? c) Das Magazin kannst du zurückgeben. d) Den Brief schicke ich morgen. e) Hoffentlich bestehe ich die Prüfung. f) Morgens trinkt er gern einen Kaffee.

3 b) Wer? Die Waschmaschine. (= Nominativ) / Was? Die Wäsche. (= Akkusativ)
c) Wer? Der Chef. (= Nominativ) / Wen? Das Kind. (= Akkusativ)
d) Was? Die Tische. (= Akkusativ) / Wer? Die Schüler. (= Nominativ)
e) Wer? Der Koch. (= Nominativ) / Was? Das Essen. (= Akkusativ)
f) Wen? Die Kollegen (= Akkusativ) / Wer? Der Chef. (= Nominativ)

4 a) ... mein**er** Lehrerin ... **den** Freundin**nen** ... mein**em** Bruder
b) ... dein**em** Opa ... dein**en** Geschwister**n** ... den Freunde**n**
c) ... **den** Eltern ... mein**em** Chef ... unser**er** Tante
d) ... unser**em** Cousin ... **der** Kollegin ... **den** Schüler**n**
e) ... sein**em** Sohn ... **den** Kinder**n** ... eur**er** Nachbarin

5 Dialog A
- Von **wem** ist denn dieses schöne Geschenk?
- Von mein**er** Mutter.
- Echt toll! Sag dein**er** Mutter einen schönen Gruß!

Dialog B
- **Wem** gehören denn diese Spielsachen?
- **Den** Kindern aus dem 3. Stock.
- Ah okay. Kannst du bitte d**en** Eltern Bescheid sagen, dass sie die Sachen holen sollen?

6 b) meiner Schwester **(D)**, Geld **(A)** c) die Unterlagen **(A)**, Ihrem Kollegen **(D)** d) Die Aufgaben **(A)**, den Schülerinnen **(D)**, Schülern **(D)** e) ihren Enkeln **(D)**, ein Märchen **(A)** f) ihrer Tochter **(D)**, ein Kleid **(A)**, neue Schuhe **(A)**

7a) a) Akkusativ Sg. b) Dativ Pl. c) Dativ Pl. d) Akkusativ Sg. e) Dativ Pl.

7b) b) Der Chef erklärt den Mitarbeitern das Problem. c) Bringst du der Nachbarin bitte die Einkäufe? d) Lilly schreibt ihren Kindern einen Brief. e) Jonas zeigt den Gästen den Garten. f) Gibst du mir bitte die Butter?

8 (1) Geburtstag (2) alles Gute (3) einen Anzug (4) einen neuen Job (5) einer Firma (6) den Job (7) eine Arbeit (8) ein Auto (9) dieser Firma (10) meiner (11) meiner Wohnung (12) alle Neuigkeiten

Präpositionen mit Kasus

1 **Dialog A:** (1) den (2) die • **Dialog B:** deinen • **Dialog C:** meine • **Dialog D:** den
Dialog E: (1) den (2) nächste (3) nächsten (4) deine

2 a) Er interessiert sich für deine Schwester. b) Darf/Dürfte ich dich um einen Gefallen bitten? c) Wir sind gegen den Vorschlag. d) Kannst/Könntest du die Aufgabe bis nächste Woche machen? e) Ohne meinen Hund kann ich nicht schlafen. f) Die Katze spaziert durch den Garten.

3 b) B) c) C) d) A) e) C) f) C) g) C)

4 (1) zur (2) dem (3) dem (4) meinen (5) der (6) meinem (7) der (8) mir

5 a) Oya kommt aus der Türkei. b) Seit einem Jahr lernt sie Deutsch. c) Sie erzählt oft von ihrer Heimat. d) Sie bedanken sich bei der Lehrerin. e) Sibel fragt nach dem Testergebnis. f) Die Lehrerin gratuliert ihr zum Geburtstag.

6 a) dem (Dativ) b) das (Akkusativ) c) das (Akkusativ) d) dem (Dativ) e) der (Dativ) f) die (Akkusativ) g) der (Dativ)

7 b) im Wohnzimmer c) auf die Kommode d) auf dem Tisch e) über die Tafel f) an der Wand g) zwischen ihre Freunde h) hinter seinen Geschwistern

Nomen im Genitiv

1 b) die Gesundheit der Mutter c) der Name des Kindes d) das Alter der Großmutter e) die Adresse des Hotels f) der Inhalt der Zeitung g) die Hitze des Sommers

2 b) Wie lautet die Adresse der Firma? c) Haben Sie die E-Mail-Adresse des Kollegen? d) Leider müssen wir das Haus meiner Eltern verkaufen.

3 (1) Lisas Freund (2) die Schwester meiner Freundin (3) der Dozent unseres Workshops (4) die Frau des Bürgermeisters (5) die Direktorin des Gymnasiums (6) die Koordinatorin der Deutschkurse

Präpositionen mit Genitiv

1a) a) **des** Schulgebäud**es** b) **der** groß**en** Städte c) **der** historisch**en** d) **der** Bürozeiten

1b) a) Außerhalb der Öffnungszeiten kann man nicht in der Parkgarage parken. b) Innerhalb der Arztpraxis sind Handys nicht erlaubt. c) Außerhalb der Stadt ist das Leben ruhiger. d) Innerhalb einer Stunde hat sie ihr Büro aufgeräumt.

2a) a) + b) Wegen/Trotz **des** schlecht**en** Wetter**s** c) + d) Wegen/Trotz **eines** groß**en** Stau**s**
a) 3 b) 1 c) 4 d) 2

2b) b) trotz trockener Straßen c) wegen starker Schmerzen d) trotz seiner Anstrengung e) wegen der Verspätung des Zugs

3 b) Während des Unterrichts darf man nicht essen. c) Während der Prüfung darf man nicht telefonieren. d) Während der Mittagspause darf man nicht laut sein. e) Während des Flugs darf man nicht rauchen.

Nomen der N-Deklination

1a) a) Akkusativ Sg. / Dativ Pl. b) Genitiv Sg. c) Nominativ Sg. d) Dativ Sg. e) Nominativ Pl. / Akkusativ Pl.

1b) a) die Kollegen b) des Nachbarn c) den Journalisten d) den Menschen e) der Informanten

1c) dem Kollegen, dem Jungen, dem Nachbarn, dem Elefanten, dem Präsidenten, dem Doktoranden, dem Informanten, dem Automaten, dem Pädagogen, dem Buchstaben

2 (1) meinen Jungen (2) den Löwen (3) Elefanten (4) eines Elefanten (5) Elefant (6) den Affen (7) unserem Nachbarn (8) den Affen (9) Praktikanten (10) die Affen (11) den Menschen (12) einen Affen

4 | Weitere Artikelwörter

1 (1) (-) (2) einen (3) irgendwelche (4) irgendeine (5) irgendwelche (6) einen (7) (-) (8) meinem

2 (1) irgendein (2) Was für (3) einige (4) diese (5) Welches (6) manche (7) dieser

3 (1) manche (2) ein (3) eine (4) das (5) Keine (6) Die (7) alle (8) Das (9) Einige (10) dieser (11) Eine (12) jeder

4 (1) diese (2) keine (3) irgendeinem (4) jeden (5) welchen

5 a) … Bekanntes b) … Unbestimmtes c) … Bestimmtes d) Nicht alle e) Alle f) … Unbekanntes g) Alle h) Nicht alle

5 | Wortbildung

Nominalisierung von Verben

1 (1) nominalisieren (2) Infinitiv (3) das (4) Präpositionen (5) ein (6) Nominalisierung

2 b) Spazierengehen c) Kochen d) Laufen e) Tanzen

3 b) des Lesens c) des Putzens d) des Badens e) des Essens

Nomen mit Suffixen

1a) b) der Hörer/die Hörerin c) der Lerner/die Lernerin d) der Käufer/die Käuferin e) der Finder/die Finderin f) der Läufer/die Läuferin g) der Gewinner / die Gewinnerin

1b) a) der Lehrer/die Lehrerin b) der Verkäufer/die Verkäuferin c) der Bäcker/die Bäckerin d) der Maler/die Malerin e) der Sänger/die Sängerin f) der Schneider/die Schneiderin g) der Fahrer / die Fahrerin

1c) a) Medizinerin, Ärztin b) Physiker c) Wissenschaftler d) Sportlerin e) Musiker f) Künstler g) Politiker

2a) a) (die) Übung b) (die) Meinung c) (die) Leitung d) (die) Lösung e) (die) Erzählung f) (die) Ordnung

2b) **-heit:** (die) Dunkelheit, (die) Krankheit, (die) Gesundheit, (die) Dummheit, (die) Freiheit
-keit: (die) Herzlichkeit, (die) Traurigkeit, (die) Fröhlichkeit, (die) Sauberkeit

2c) a) Sauberkeit b) Prüfung, Erinnerung c) Dunkelheit d) Mitteilung, Freundschaft e) Nachbarschaft, Wohnung

3a) a) die Liebe b) die Reise c) die Wärme d) die Kälte e) die Bitte f) die Miete g) die Nässe h) die Größe

3b) a) Reise b) Kälte c) Wärme d) Liebe e) Miete f) Größe g) Nässe h) Bitte

4a) **-chen:** der Schatz/das Schätzchen, das Herz/das Herzchen
-lein: das Kind/das Kindlein, die Schwester/das Schwesterlein

4b) neutrum

4c) a) mein**em** Stühlchen b) mein**em**Tellerchen c) mein**em** Becherchen d) mein**em** Gäbelchen e) mein**em** Messerchen f) mein**em** Brötchen g) mein**em** Bettchen

Zusammengesetzte Nomen: Komposita

1a) b) der Apfelsaft c) die Bettdecke d) der Liebesbrief e) die Halsschmerzen f) das Zitroneneis g) das Geburtstagsgeschenk

1b) **Sonne:** der Sonnenhut, die Sonnencreme, der Sonnenschirm
Liebling: die Lieblingsserie, das Lieblingsthema, das Lieblingsessen, der Lieblingspullover
Geburtstag: das Geburtstagsgeschenk, die Geburtstagstorte, das Geburtstagskind, der Geburtstagswunsch

2a) b) (das) Arbeitszimmer c) (das) Spielzimmer d) (das) Wohnzimmer e) (das) Wartezimmer f) (das) Esszimmer

2b) b) Kochkurs c) Schreibtisch d) Laufschuhe e) Gießkanne f) Tanzcafé g) Spielplatz

3 a) die Großfamilie b) die Megacity c) die Altstadt d) das Hochhaus e) die Vollmilch f) die Tiefgarage g) die Schnellstraße h) der Buntstift i) der Neuwagen j) das Extremwetter

4a) b) das Ausland c) der Gegenstand d) das Mitglied e) die Nachspeise f) der Umtausch g) die Unterlagen h) die Vorsicht

4b) a) Unterhaltung, Gegenteil b) Unterschrift, Mitarbeiters c) Vorteil, Nachteil, Überstunden d) Vorstellung, Auftritt

5a) Wir sind eine **Großfamilie**. Mein Mann und ich haben sechs Kinder. Wenn wir in den Urlaub fahren, brauchen wir also ein **Ferienhaus** für acht Personen. Das findet man gar nicht so leicht und es ist außerdem ziemlich teuer. Ein echter **Nachteil**! Unser Haus ist sehr groß, es ist zwar kein **Hochhaus**, aber es hat trotzdem zwei **Stockwerke**. Wir haben sogar eine **Doppelgarage**, weil wir zwei Autos haben. Und natürlich mehrere **Fahrradständer**, denn jedes **Familienmitglied** hat ein eigenes **Fahrrad**. Mein Mann und ich schlafen in einem gemeinsamen **Schlafzimmer**, aber jedes Kind hat sein eigenes **Kinderzimmer**. Weil ich im Homeoffice arbeite, habe ich ein eigenes **Arbeitszimmer**. Das **Wohnzimmer** ist so groß, dass in einer Ecke ein großer **Esstisch** stehen kann. Und jetzt kommt's: Im Keller gibt es sogar ein **Schwimmbad**! Ist das nicht ein Luxus? Für unsere **Wasserratten** ist das genau das Richtige! Damit das **Wäschewaschen** schnell geht, haben wir zwei **Waschmaschinen** und einen **Wäschetrockner**. Und natürlich viele verschiedene **Küchengeräte**, weil das Kochen sonst viel zu lang dauern würde. Ein riesiger **Supermarkt** ist auch in unserer Nähe. Umziehen werden wir sicher nicht so schnell. Und vor jedem **Familienurlaub** denke ich mir: Warum bleiben wir eigentlich nicht einfach zu Hause?

5b) **Nomen + Nomen:** Ferienhaus, Stockwerke, Fahrradständer, Familienmitglied, Kinderzimmer, Wasserratten, Wäschewaschen, Wäschetrockner, Küchengeräte, Familienurlaub

Verb + Nomen: Fahrrad, Schlafzimmer, Arbeitszimmer, Wohnzimmer, Esstisch, Schwimmbad, Waschmaschinen

Adjektiv + Nomen: Großfamilie, Hochhaus, Doppelgarage, Supermarkt

Präposition + Nomen: Nachteil